**Italian Short Stories for Beginners:** *A Collection of 5 Stories to Improve Your Vocabulary and Reading Skills*



© Copyright 2018 Martina Lombardi

1. edition: 2018

ISBN: 978-3-9822692-5-2

# ITALIAN SHORT STORIES FOR BEGINNERS

## A Collection of 5 Stories to Improve Your Vocabulary and Reading Skills

Martina Lombardi

# Table of Contents

# BONUS – 10 FREE EXERCISES

We've compiled ten exercises for you, two for each story: the first exercise will allow you to ingrain new vocabulary you will acquire through each story, while the second one focuses on grammar points that are relevant at the beginner's level A1/A2. At the end of each exercise, there are also the correct answers.

## INSTRUCTIONS FOR DOWNLOADING THE FREE EXERCISES

To download the exercises, go to the following link:

http://bit.ly/free-italian-exercises

(You should access the link on your smartphone or computer to view to or download the exercises.)

On the dedicated site, please enter your email address and your name. Then, click "DOWNLOAD".

Go to the inbox of the email address you've just entered. Find the email sent from Bono Digital with the subject "Please Confirm Your Subscription". If you cannot find the email, please also check your Spam or Promotions folders.

Once you've confirmed your email address by clicking the button "CONFIRM YOUR EMAIL", you will receive a new email with the subject line "Here are your free Italian exercises!". Clicking the link in the email (or the picture of the book) will instantly give you access to your free exercises!

You can do the exercises immediately or you can download the file by clicking the download button (in the upper right-hand corner) and print it, if you wish.

If you encounter any problems, you can contact us at the email address you find at the back of this book – we'll do our best to help you out.


Enjoy!

# Introduction

Congratulations for buying "Italian Short Stories for Beginners: *A Collection of 5 Stories to Improve Your Vocabulary and Reading Skills.*"

Guess what? By getting this book, you're on your way to mastering one of the most beautiful languages in the world.

But why Italian? What exactly is it about this language that makes it special? Well, apart from originating from the cradle of the Western civilization, the Italian language is your key to understanding the 'finer things in life', such as art history, architecture, design, food, literature, music, and philosophy.

Italy is well known for its gastronomic delights and Italians have more words to describe food than any other language in the world. Italy is also considered as an influencer in industries that thrive on creativity, like fashion and design. And according to a UNESCO report, a lot of the world's heritage sites can be found in Italy, so if you're interested in learning more about how culture flourished, understanding Italian will give you that extra edge.

Apart from Italy, Italian is also widely spoken in the Vatican, San Marino, and even Switzerland. There are also some areas in Slovenia, Croatia, and Brazil where the Italian language is used and considered as a minority language. This is extraordinarily impressive if you consider how small Italy is. With over 62 million native speakers scattered in different areas of Europe and expatriate communities in many parts of the world, it's no wonder that more and more people are interested in learning Italian.

Italian is one of the most studied languages in the world, ranking fourth, with Spanish, French, and German topping the list. With Italy emerging as one of the world's rising economies, learning Italian will serve you well if you work in the design, construction, or furniture industries.

If you plan to live in or travel around Italy, knowing Italian is guaranteed to enhance your experience. You will find that locals – whether in Italy or in any other foreign country – would be more welcoming if you speak their language.

Approaching a native speaker may seem intimidating at first, but once you get past the basic introductions, Italians can be the friendliest, if not the most talkative people, you'll ever meet in your life. You won't even feel any pressure to get it perfect because Italians are generally very forgiving when it comes to language mistakes. They already appreciate the fact that you tried learning their language and they'll even make up for any awkward silences by speaking more.

Even though the sentence structures and grammar rules are different from English, Italian is still one of the easiest languages to learn for a native English speaker. English may have Germanic roots but because it has been heavily influenced by Latin, it shares many cognates with Italian, which has Latin origins. Cognates are words that share similar spelling and pronunciation between different languages so you'll have a lot of fun spotting familiar words when you start learning Italian.

Compared to French, Italian words are much easier to pronounce. Italian spelling is also relatively easy since most words can be spelled out phonetically. The only thing that you need to worry about is the intonation. If you don't listen carefully to the intonation and say it right, native speakers might find it difficult to understand what you're saying.

If you speak English only, you can reach advanced Italian fluency in anywhere between 12 to 18 months. However, if you can fluently speak another Romance language, such as Spanish, French, or Portuguese, then you'll be able to learn Italian much faster – more or less within a year. It all depends on how much time you invest in studying every day. The more hours you put it, the faster the learning process will be.

Once you learn to speak Italian fluently and visit Italy, the only problem you'll have is that you might not want to go back to your home country. With unending sites to visit and traditional Italian cuisine to try, and all the cultural experiences your heart can desire in between, your knowledge of the Italian language is only going to enhance your overall travel experience.

# How to Learn a Foreign Language Fast

If you want to learn a foreign language fast, it is important that you put equal effort into developing the four skills of language learning. Honing these skills will help you improve your comprehension, and at the same time, set you up to become an effective communicator.

Think about how you learned your first language. Usually, it's the listening skills that develop first, then speaking, then reading and writing. Here's a brief description of the 4 capabilities, or the LSRW skills.

**Listening** – the first skill that we learn in our native tongue. Known as a passive or receptive skill, listening involves receiving language through our ears, and allowing the brain to make sense of what was said. While listening is said to be the mother of all language skills, not many people put enough effort into developing their listening skills.

The best way to practice is to familiarize yourself with as much native sources of the language you are learning as you can. Watch Italian movies (with or without the subtitles) and listen to Italian podcasts or audiobooks. Try listening purely for the different sounds before you start looking for the context of the material you're listening to.

**Speaking** – the second skill that we learn in our native language. Speaking is an active or productive skill that involves using our vocal tract to produce language that our brain has interpreted. Speaking is often the number one weakness for anyone acquiring a second language as it is common for us to start learning a language through reading.

One way to improve your speaking skill is to read text out loud. Practice reading along with a recording at first, then reread the text on your own, but this time, pay attention to the pronunciation, and the inflections on the sentences.

Notice that Italian pronunciation is very different from the English pronunciation so practice making the correct sounds. Reading aloud activates your mouth and diaphragm's muscle memory and helps you get used to saying unfamiliar words out loud.

**Reading** – it may be the third skill that we learn in our native tongue, however reading is the first skill that we learn in acquiring a new language. Reading is a passive or receptive skill that involves using our eyes and brains to understand written language.

Reading in a foreign language is important because it effectively exposes you to more words and sentences than listening to a song or watching a movie. Your brain is more receptive to accepting brain feed (grammar patterns, vocabulary words) through reading, so make sure to look for the right reading material for your level. Picking out a difficult reading material early on will only overload your cognitive function and demotivate you from making reading a habit.

**Writing** – the fourth skill that we learn in our native language, writing is an active or productive skill that involves using our hands and brains to write symbols that represent the spoken language.

Writing in a foreign language is relatively easy if your native language makes use of the same system of writing, but if you're learning a language that uses a different one, like Chinese or Japanese, then you'll need to learn a whole new set of characters and symbols.

Good thing Italian uses the Roman alphabet so if you can read this, then you shouldn't have any problems writing in Italian. The best way to improve your writing skills is to read as much as you can. While reading, focus on sentence structure, punctuation, style, and other aspects that will help you get your point across through writing. Read different types of texts and try to replicate them in different scenarios.

While there's no denying the importance of all four language skills in further enhancing our knowledge of our native language, just how important are these skills in learning a foreign language? Do you need to master all four skills to communicate effectively in your second language? Well, the answer is yes and no.

Yes, if you want to eventually be on a similar level as native Italian speakers. No, if you're learning goal doesn't involve all four skills. So, for example, if you want to learn Italian just to survive your next Italian holiday, writing is not really a priority.

## How is Italian Grammar Taught at Beginners (A1/A2) Level

The main purpose of this book is to provide you with a challenging and yet entertaining way to help you learn the Italian language. You'll learn the basics of the Italian language, from nouns and adjectives to different verb tenses that any beginner will be able to quickly understand. You'll also learn important sentence structures and vocabulary words that will allow you to engage in a casual conversation with a native Italian speaker. We won't bore you with grammatical notes you'll find in most textbooks. Instead, you'll learn how to use the Italian language through a more practical method.

If you feel a little bit overwhelmed, don't be! Only grammatical aspects appropriate for the A1/A2 levels are included in this book. We've decided to take away the advanced grammatical aspects and tenses so as not to confuse you. The vocabulary is also pretty basic so that beginners such as yourself won't have a hard time understanding the stories.

# Guidelines on How to Read the Following Short Stories

We want to help you learn Italian in the fastest and most convenient way possible. With this book of compiled stories, we hope to entertain you, and at the same time, ensure that you understand the Italian language better.

Here are a few guidelines to help you take full advantage of the short stories in this book:

First, try to read through the entire text without checking the meaning of unknown words. Don't feel pressured to recognize all the words from the stories. It's perfectly normal for beginners to recognize only a few words.

After reading the text, try to summarize what you've read based on your initial understanding. You can check if you understood the text correctly by looking at the short summary at the end of each story. Again, don't feel pressured to get it right on the first try.

Give it another go! Reread the story, but this time, concentrating on the words and sentence structure. Try to find the context of the text you're reading. Look for words that seem similar to a language that you're already familiar with. Take note that vocabulary words across all the stories are intentionally repeated in order to give you a better chance to familiarize yourself with them.

Check the glossary of difficult or advanced vocabulary words at the end each story. If you want to consult other materials to help you understand the story better, feel free to do so.

You can check the meaning of unfamiliar words in a dictionary for their meanings. While you're at it, look at sample sentences as well.

At the end of every story, you'll find a set of questions that will help test your comprehension. We encourage you to answer these questions so that you can assess how well you understood each story.


Buon divertimento! (*Have fun!*)

# THE STORIES

# 1. Il Primo Ultimo Giorno di Scuola

*"Ho davvero paura"* sta pensando Maria, *"e se non piaccio a nessuno?"* Oggi è il primo giorno di scuola dell'ultimo anno di **liceo** classico e Maria è molto nervosa perché non conosce ancora nessuno. Infatti, lei e la sua famiglia **si sono trasferiti** da poco a Milano perché suo papà ha trovato un buon lavoro in una grossa **azienda** multinazionale e sua mamma voleva da tempo **andarsene** dal paesino dove abitavano prima.

Maria è molto nervosa anche perché a Milano tutto è diverso dal **borghetto** dove è cresciuta. Milano è una grande metropoli con milioni di persone da tutto il mondo, tanti negozi alla moda, piazze colorate, grandi musei e **lussuosi** ristoranti. Invece il vecchio paesino di Maria si trova nelle **campagne** fuori Bologna ed è un luogo molto tranquillo e poco caotico, così diverso dal **capoluogo lombardo** dove lei abita ora.

Nonostante il **cambiamento** Maria è felice di andare a scuola in una città così grande, perché pensa che Milano le darà molte nuove opportunità che prima non aveva. Anche i suoi genitori sono molto contenti perché a Milano ci sono delle **ottime** università dove Maria potrebbe **iscriversi** quando prenderà il diploma di **maturità** classica.

Manca un quarto alle otto. Mentre cammina verso la sua nuova classe, Maria riesce solo a pensare di fare amicizia **in fretta**; lei spera di conoscere dei compagni di classe simpatici con cui studiare e uscire nel tempo libero e nel fine settimana. Maria è una ragazza di diciotto anni molto socievole ed estroversa che ama fare lunghe **chiacchierate** su argomenti filosofici, uscire a bere un caffè al bar e aiutare le amiche nelle **questioni** sentimentali, perciò non sarà difficile per lei conoscere persone nuove e **incontrare** amici nuovi.

Infatti, **non appena** si siede al suo nuovo posto in fondo alla classe, Maria si sente più rilassata perché tutti le sorridono **amichevolmente** e sembrano **incuriositi**.

*“Ciao sono Michela, molto piacere!”* esclama la sua compagna di banco, *“benvenuta nella classe. Di dove sei?”*

*“Ciao Michela, io sono Maria, molto piacere… E sono di Bologna”* risponde Maria.

*“L'Emilia Romagna è una regione bellissima! Ho degli amici che abitano a Ravenna e quindi ci vado*

*molto **spesso**. Sono anche andata a Rimini l'estate scorsa, ma non mi è piaciuta perché ci sono troppe discoteche e il mare non è bello"* continua Michela.

*"Sì, anche a me non piace molto Rimini, preferisco la tranquillità dell'**entroterra**, Modena e Parma... Qui invece è tutto molto diverso. Milano è enorme e non vedo l'ora di **scoprirla** tutta."*

Maria è davvero felice di parlare con Michela, che sembra una ragazza molto brava e intelligente. Infatti, Michela le da molte informazioni utili **riguardo alle materie**, ai professori e la presenta al resto della classe durante **l'intervallo**. Tutti sono molto **cordiali** e amichevoli con Maria e si presentano a uno a uno. Maria è molto fortunata a studiare in una classe così bella e unita.

Questo è l'ultimo anno e gli studenti avranno gli esami di maturità! È meglio essere preparati e finire il liceo **nel migliore dei modi**. Grazie alle parole di Michela e degli altri compagni, Maria si sente molto meglio, **l'ansia** e il nervosismo **scompaiono** piano piano e la giornata passa velocemente.

Le lezioni per oggi sono finite. Maria e Michela escono da scuola insieme e scoprono di abitare nello stesso **quartiere**. Michela fa da guida turistica a Maria: *"Qui c'è un bar molto **carino** dove faccio l'aperitivo il sabato insieme agli altri compagni; possiamo andarci dopo le lezioni domani se vuoi."*

*"Oh con piacere. Grazie mille per l'invito!"* risponde Maria.

*"Qui invece, c'è la linea verde della metropolitana ed è la più veloce per arrivare in centro"* prosegue Michela. *"Ci vediamo domani allora. Buona serata! È stato un piacere conoscere una nuova amica."*

*"Certamente. Ci vediamo qui alle sette e trenta così andiamo insieme a scuola"*. Maria non vede l'ora di **raccontare** ai suoi genitori della giornata **stupenda** che ha passato.

*"Ciao Maria. Allora, com'è andato il primo giorno di scuola? Ti è piaciuto? Le materie sono difficili? I compagni sono stati bravi? Stamattina eri così nervosa..."* chiede la mamma molto **preoccupata**.

*"Mamma calmati! La mia giornata è andata benissimo! Ho già fatto amicizia con una persona speciale! Sono proprio felice di essere a Milano!"* le risponde sorridendo Maria, *"**non vedo l'ora** che arrivi domani."*

# Vocabolario

- **liceo** – Italian high school
- **trasferirsi** – to transfer, move [*io mi trasferisco, tu ti trasferisci, egli si trasferisce ...*]
- **azienda** – company
- **andarsene** – to go away, leave [*io me ne vado, tu te ne vai, egli se ne va ...*]
- **borghetto** [diminutive of *borgo*] – (small) village
- **lussuoso** – luxurious
- **campagna** – rural area, countryside
- **capoluogo** [pl. *-ghi*] – capital, county seat
- **lombardo** – Lombard, from Lombardy (a region in northern Italy)
- **cambiamento** – change
- **ottimo** – excellent, the best
- **iscriversi** – to enroll [*io mi iscrivo, tu ti iscrivi, egli si iscrive ...*]
- **maturità** – high school diploma
- **in fretta** – quickly
- **chiacchierata** – chat, small talk
- **questione** – matter, issue
- **incontrare** – to meet
- **non appena** – as soon as
- **amichevolmente** – in a friendly manner
- **incuriosito** – curious, interested
- **spesso** – often, frequently

- **entroterra** – hinterland, backcountry
- **scoprire** [participio passato: *scoperto*] – to discover
- **riguardo** [+*a*] – about
- **materia** – school subject
- **intervallo** – pause, break
- **cordiale** – friendly, pleasant
- **nel migliore dei modi** – in the best possible way
- **ansia** – worry, stress
- **scomparire** [participio passato: *scomparso*] – to disappear, vanish [*io scompaio, tu scompari, egli scompare ...*]
- **quartiere** – neighborhood, area
- **carino** – nice, pleasant
- **raccontare** – to tell
- **stupendo** – wonderful, splendid
- **preoccupato** – worried
- **non vedere l'ora** – to look forward to

# Riassunto

La storia racconta del primo giorno di scuola di Maria, una ragazza di diciotto anni che si è appena trasferita a Milano. Prima dell'inizio delle lezioni, Maria è molto nervosa e pensierosa perché non conosce ancora nessuno a Milano e spera di fare amicizia in fretta. Dopo le prime paure, Maria conosce subito una ragazza molto simpatica, Michela, che le presenta il resto della classe e le dà alcune informazioni sulle materie e sugli insegnanti. Dopo scuola, Michela e Maria tornano a casa insieme e si mettono d'accordo per andare insieme a scuola il giorno dopo perché abitano nello stesso quartiere.

# Domande a scelta multipla

1. Come si sente Maria prima di andare a scuola?
       a. Si sente molto male
       b. È tranquilla
       c. Ha paura
       d. Ha mal di stomaco

2. Da dove viene Maria?
       a. Da Milano
       b. È straniera, viene dalla Francia
       c. È del Sud Italia
       d. Maria viene da un paese vicino a Bologna

3. In che liceo va Maria?
       a. Classico
       b. Scientifico
       c. Non va al liceo
       d. Linguistico

4. Michela è?
       a. L'insegnante di Maria
       b. Una sua compagna di classe
       c. La sua vicina di casa
       d. La mamma di Maria

# Risposte corrette

1. c
2. d
3. a
4. b

# 2. La Vita da Universitario a Firenze

Caro Giovanni,

Come stai? Cosa fai di bello? Qui a Firenze va tutto bene. Ho trovato finalmente un bell'appartamento due settimane fa e adesso non devo più stare al dormitorio insieme agli altri ragazzi appena arrivati. Il dormitorio non mi piaceva **per niente**! Le camere erano piccole e un po' sporche e c'era solo un bagno per ogni **piano**. Anche la cucina era **condivisa** e non **riuscivo** mai a preparare nulla perché c'era sempre troppa gente. Stavo davvero **impazzendo** in quel posto, ma poi, per fortuna, ho trovato un **annuncio** su internet di una camera disponibile in un appartamento condiviso con altri studenti e allora ho deciso di chiamare subito.

Adesso divido questo appartamento con altre tre persone, ma almeno ho una camera singola tutta per me (con il bagno privato), dove posso fare quello che voglio! Insieme a me abitano due ragazzi, uno giapponese e uno americano, e poi c'è una ragazza svedese. Loro sono molto simpatici e ho fatto subito **amicizia**.

Per il resto qui va tutto **alla grande**: sto studiando molto per gli esami di giugno ed esco nel fine settimana. Firenze è una città splendida e molto vivace, non solo per i turisti ma anche per i molti studenti che abitano qui come me. **Di solito** esco con i miei **coinquilini** e andiamo a bere qualcosa sulle **rive** dell'Arno, andiamo al cinema o alle feste studentesche. Alla sera, durante la settimana, cuciniamo **a turno** e guardiamo tante serie tv su Netflix in lingua inglese. Adesso che arriverà la bella stagione inoltre, organizzeremo alcune gite per visitare la Toscana perché per loro è la prima volta in Italia e vogliono visitarla il più possibile.

Come ti ho già detto, la città è piena di studenti e ci sono sempre tante feste, **incontri** ed eventi **gratuiti** per noi universitari. Ultimamente il giovedì sera andiamo a mangiare la pizza e poi andiamo a giocare a biliardo in un pub in Piazza della Signoria. Il venerdì sera **invece** guardiamo un film a casa insieme ad altri studenti e il sabato andiamo alle feste Erasmus organizzate da alcune associazioni studentesche.

Erasmus è un progetto dell'Unione Europea per studenti che vogliono studiare (o lavorare) in un paese europeo diverso dal **proprio** per un periodo di tempo dai tre ai dodici mesi. Per questa ragione la parola Erasmus è diventata **di uso comune** tra i giovani di tutto il mondo.

Ieri sera siamo andati a una di queste feste Erasmus e mi sono divertito tantissimo. Siamo andati in un locale molto bello vicino al centro, dove facevano una festa a tema spagnolo e messicano, si mangiava tipico e si ballavano le canzoni latine **del momento**.

Durante la serata, ho anche conosciuto una ragazza molto carina, Joanna, di Londra, e **ho scoperto** che frequenta la mia stessa università. Abbiamo bevuto qualcosa insieme e abbiamo ballato ma non ho avuto il coraggio di chiederle il numero di telefono e adesso non so come fare per **rivederla**. Settimana prossima organizzeranno un'altra festa a tema nello stesso locale, spero di incontrarla ancora.

A Firenze c'è sempre tanto da fare e da scoprire: in questo periodo la città toscana diventa molto particolare perché ospita la prima **manifestazione** stagionale della moda in Europa e nel mondo: *Pitti Immagine*.

Questa **mostra** della moda presenta **in anteprima** le **tendenze** maschili, femminili e per bambini dell'**abbigliamento** e della moda in generale. Durante questo evento internazionale, la città ospita tantissime **iniziative** e sono presenti molti famosi stilisti italiani e internazionali.

Mi hanno raccontato che durante questa grande manifestazione tantissimi **appassionati** di moda e blogger da tutto il mondo arrivano in città per scoprire le nuove tendenze e **scattare** foto con gli stilisti e i modelli. A me non interessa la moda, ma è la prima volta che **assisto** a un grande evento **del genere**, quindi sono davvero emozionato e spero di incontrare qualche personaggio famoso e fare alcuni selfie.

A parte ciò, come vanno le cose a New York? Il tuo **tirocinio** procede bene? È da tanto tempo che non ci vediamo e mi piacerebbe venire a **trovarti** quest'estate se avrò **abbastanza** soldi. Sai che qui tu sei sempre il benvenuto e puoi venire a trovarmi quando vuoi!

A presto,

Eugenio

# Vocabolario

- **per niente** – not at all
- **piano** – floor
- **condividere** [participio passato: *condiviso*] – to share
- **riuscire** – to manage
- **impazzire** – to go crazy
- **annuncio** – advertisement
- **amicizia** – friendship
- **alla grande** – brilliantly
- **di solito** – usually
- **coinquilino** – roommate, flat mate
- **riva** – shore
- **a turno** – in turn, alternately
- **incontro** – gathering, encounter
- **gratuito** – free
- **invece** – on the other hand
- **proprio** – one's own
- **di uso comune** – in common use
- **del momento** – the latest
- **scoprire** – to discover, uncover
- **rivedere** – to see again
- **manifestazione** – event, exhibition
- **mostra** – show, display
- **in anteprima** – preview
- **tendenza** – trend
- **abbigliamento** – clothing, apparel
- **iniziativa** – venture, project

- **appassionato** – enthusiast, aficionado
- **scattare** – to take a picture
- **assistere** [+*a*] – to attend
- **del genere** – such, suchlike, like this/that
- **tirocinio** – internship
- **trovare** [*qualcuno*] – to call over to, to visit somebody
- **abbastanza** – enough, sufficient

# Riassunto

La storia, scritta sotto forma di email, racconta la vita universitaria di Eugenio, un ragazzo che vive e studia a Firenze insieme ai suoi coinquilini provenienti da tutto il mondo. L'email, indirizzata a un suo vecchio amico che vive a New York, racconta delle sue numerose attività nella città toscana. Firenze infatti è una città che offre molto agli studenti: Eugenio e i suoi amici vanno sempre alle feste o in qualche pub a divertirsi oppure stanno a casa a guardare la televisione. Inoltre, Firenze ospita uno degli eventi internazionali della moda, *Pitti Immagine*, e la città diventa ancora più vivace durante questi giorni.

# Domande a scelta multipla

1. Chi sta scrivendo questa email?
    a. Giovanni
    b. Eugenio
    c. Andrea
    d. Joanna

2. Il protagonista adesso abita con quante persone?
    a. Da solo
    b. Con due persone
    c. Con tre persone
    d. Con i suoi genitori

3. Eugenio e i suoi amici cosa fanno il venerdì sera?
    a. Guardano un film
    b. Vanno a ballare
    c. Vanno alle feste Erasmus
    d. Vanno al cinema

4. Che tipo di festa era quella dove Eugenio ha incontrato Joanna?
    a. Una festa di musica rock
    b. Una festa Erasmus
    c. Una festa all'aperto
    d. Una festa in casa

# Risposte corrette

1. b
2. c
3. a
4. b

# 3. Il Mio Amico Azero

Ho conosciuto Vusal durante il corso di marketing all'università di Berlino. Vusal è un ragazzo azero che vive in Germania da 3 anni e studia con me economia **aziendale** in una delle più grandi università tedesche. Prima di trasferirsi qui, Vusal viveva a Baku, la capitale dell'Azerbaigian, ma **ha** anche **vissuto** in Italia per qualche mese, dove ha imparato a parlare l'italiano molto bene.

Quando era in Italia lui viveva a Bologna, dove frequentava un corso intensivo d'italiano dalle otto di mattina fino a mezzogiorno, mentre la sera **insegnava** via skype la lingua turca e la lingua azera a studenti di tutto il mondo. Poche persone conoscono il paese di Vusal, e quando lui dice che viene dall'Azerbaigian **la maggior parte** della gente **si gratta** la testa **perplessa**.

Dovete sapere che la cultura azera è molto simile alla cultura turca: entrambe **condividono** molte **usanze e tradizioni** come l'amore per il tè, la cucina **speziata** e gustosa, il forte **legame** con la famiglia e, infine, il grande senso di ospitalità verso gli stranieri.

A Baku, Vusal e la sua famiglia gestiscono un piccolo **negozio** di oggetti tradizionali azeri, dove vendono piatti di ceramica, miniature dei monumenti più importanti e alcuni libri antichi scritti in arabo e in dialetto azero. Il loro negozietto si trova nel centro di Baku, nella zona turistica della città, e i loro **affari** vanno molto bene, **soprattutto** nei mesi estivi.

In estate, infatti, Baku è molto visitata, non solo per la sua vicinanza con il mar Caspio e altre bellissime **zone balneari** ma anche perché è una città ricca di storia, tradizione e memoria. La capitale azera è soprattutto famosa per i grandi eventi sportivi che **ospita** e ha ospitato negli anni passati: il Gran Premio europeo di Formula Uno, i primi Giochi Europei (che sono le olimpiadi europee), eventi calcistici come la finale di Europa League o gli Europei di **pallavolo** femminile.

L'anno scorso in primavera ho avuto la fortuna di visitare Baku insieme a Vusal.

Quando siamo **atterrati** in città, sono **rimasto** davvero **a bocca aperta**: non avevo mai visto una città così moderna e antica, **occidentale** e **orientale** allo stesso tempo. Passeggiando tra le strade e i marciapiedi pulitissimi, ho notato grandi palazzi sovietici **accanto a** giardini orientali, antiche moschee, maestosi hotel ed edifici futuristici.

Durante il soggiorno in città, Vusal mi **raccontava** la storia di Baku e molte leggende interessanti. Ho avuto il piacere di scoprire che la *città dei venti* (nome usato dagli abitanti di Baku) **è conosciuta** per essere stata il **crocevia** delle **rotte commerciali** tra la Cina e l'Europa attraverso la *Via della Seta*. Il **flusso** degli **scambi** commerciali arrivava dal Mar Caspio e passava attraverso il territorio dell'Azerbaigian, soprattutto perché i **paesi confinanti** come l'Armenia o la Georgia erano paesi politicamente stabili e favorevoli al commercio.

Un'altra cosa interessante che Vusal mi ha raccontato è che la popolazione azera ama e rispetta il fuoco così tanto che il monumento più famoso di Baku è formato da tre **grattacieli** a forma di **fiamma**. Le *Flame Towers,* una delle costruzioni più giovani e moderne, non sono altro che un complesso residenziale, ma la loro **vista** sull'intera città è spettacolare. La cosa migliore è osservarle una volta **calato** il sole, magari passeggiando sul **lungomare**: un sistema di illuminazione a LED trasforma le tre "torri" in giganteschi **schermi** su cui **prendono vita** giochi di luce, colori e disegni di vario tipo come la **bandiera** azera e altri simboli del paese.

Il momento più bello, però, è stato visitare la casa di

Vusal e conoscere la sua famiglia. Sua mamma Nargiz, ex-maestra di scuola superiore, è una donna dolcissima che cucina molto bene; il papà, Vagif, è un medico in pensione molto conosciuto in tutto il paese. Quando siamo arrivati a casa loro, Nargiz ha preparato alcuni piatti tradizionali azeri come le *dolma,* che sono degli **involtini** fatti di foglie d'uva ripieni di carne, e il kebab di patate, formato da **spiedini** di patate grigliate con le spezie.

Mi sono divertito molto insieme alla famiglia del mio amico. Abbiamo parlato un po' italiano, **riso**, **scherzato** e mangiato benissimo. Ho un bellissimo ricordo di questo viaggio e spero davvero di tornare presto a visitare Baku e la famiglia del mio amico. Quest'anno invece Vusal verrà a **trovarmi** a casa mia in Italia e la mia famiglia **non vede l'ora** di conoscerlo.

# Vocabolario

- **aziendale** – business
- **vivere** [participio passato: *vissuto*] – to live
- **insegnare** – to teach
- **la maggior parte** – the majority, most
- **grattarsi** – to scratch
- **perplesso** – perplexed, puzzled
- **condividere** [participio passato: *condiviso*] – to share
- **usanze e tradizioni** – customs and traditions
- **speziato** – spicey
- **legame** – bond, connection
- **negozio** – shop, store
- **affare** – business
- **soprattutto** – above all, especially
- **zona balneare** – bathing area, bathing site
- **ospitare** – to host
- **pallavolo** – volleyball
- **atterrare** – to land [*airplane*]
- **rimanere a bocca aperta** – to be amazed, to be impressed
- **occidentale** – western
- **orientale** – eastern
- **accanto** [+*a*] – next to
- **raccontare** – to tell
- **conosciuto** – known as
- **crocevia** – crossroads

- **rotta commerciale** – trade route
- **la Via della Seta** – the Silk Road
- **flusso** – flow
- **scambio** – exchange
- **paese** – country, nation
- **confinante** – neighboring
- **grattacielo** – skyscraper
- **fiamma** – flame
- **vista** – view
- **calare** – go down [*sun*]
- **lungomare** – seafront, promenade
- **schermo** – screen
- **prendere vita** – to come alive
- **bandiera** – flag
- **involtino** – roll
- **spiedino** – meat skewer
- **ridere** [participio passato: *riso*] – to laugh
- **scherzare** – to joke
- **trovare** [*qualcuno*] – to call over to, to visit somebody
- **non vedere l'ora** – to look forward to

# Riassunto

In questa storia, il narratore racconta della sua amicizia con un ragazzo azero, Vusal, che ha conosciuto all'università di Berlino. Vusal è originario di Baku, la capitale dell'Azerbaigian, ma adesso vive a Berlino e prima ha vissuto anche in Italia. A Baku, i suoi genitori ormai in pensione gestiscono un negozietto di oggetti tradizionali della cultura del paese. Il narratore poi racconta del suo viaggio insieme a Vusal alla scoperta di questa misteriosa e affascinante città, ricca di storia, cultura e tradizione. Vusal fa da guida turistica durante il soggiorno a Baku e racconta molti aneddoti e leggende sulla città, come la sua importanza strategica per il commercio. La parte più bella del suo viaggio, però, è quando ha incontrato la famiglia di Vusal e mangiato i piatti tradizionali della cucina locale.

# Domande a scelta multipla

1. Vusal frequenta l'università a
     a. Berlino
     b. Baku
     c. New York
     d. Bologna

2. Quando era in Italia, Vusal cosa faceva al mattino?
     a. Andava a giocare a pallone
     b. Andava in palestra
     c. Frequentava un corso d'italiano
     d. Andava all'università

3. Qual è la città d'origine di Vusal e della sua famiglia?
     a. Berlino
     b. Kiev
     c. Baku
     d. Bologna

4. Attualmente cosa fanno i genitori di Vusal?
     a. Sono due insegnanti
     b. Sono due impiegati
     c. Gestiscono un negozietto
     d. Non fanno niente

5. Qual è il monumento più famoso di Baku?
     a. I giardini orientali

b. La piazza centrale
c. Molo sulla spiaggia
d. Le Flame Towers

## Risposte corrette

1. a
2. c
3. c
4. c
5. d

# 4. La Bellezza della Fotografia

*"Vado a Bali a fotografare il Batur o in Cina a fotografare la **Grande Muraglia!**"*

Luigi sta pianificando molto attentamente il suo **prossimo** viaggio, ma non sa ancora dove andare. Essendo lui un bravissimo fotografo, questa passione gli **permette** di viaggiare moltissimo in tutto il mondo ed essere libero e indipendente.

Luigi ha **cominciato** a usare la macchina fotografica di suo papà quando era molto piccolo, e da allora non ha più **smesso** di **scattare** meravigliose fotografie al mondo **circostante**.

La sua passione è cominciata così: Luigi scattava fotografie alle feste di compleanno dei suoi parenti, ai matrimoni dei suoi cugini, quando usciva con i suoi amici, durante le **gite scolastiche** o in vacanza. A poco a poco la passione è diventata una vera ossessione e lui non è più riuscito a **staccarsi** dall'obiettivo.

Finito il liceo, Luigi ha deciso di fare anche un corso professionale di tre anni in università, dove ha imparato quest'arte **in maniera** eccellente. Per riuscire a **guadagnare** qualche soldo e pagare l'università, lavorava come cameriere e come **magazziniere** in un grandissimo centro commerciale. Quando faceva il cameriere guadagnava molto bene perché lavorava in una trattoria molto **rinomata** nel centro di Roma, ma, allo stesso tempo, non era molto felice perché considerava quel lavoro poco interessante. Luigi è sempre stato una persona molto creativa e ha sempre voluto lavorare come fotografo e viaggiare per il mondo.

Fare il fotografo professionista è molto difficile **al giorno d'oggi** perché c'è molta competizione e **bisogna** essere molto bravi. Per questo motivo, finita l'università, Luigi trovava solo lavori **noiosi**: fotografo di feste in discoteca, fotografo di matrimoni oppure fotografo di **sfilate di moda**. A lui non interessava nessuna di queste cose perché **sognava** di prendere l'aereo, fotografare la natura **incontaminata** e gli animali **selvaggi** nel loro habitat, non di correre **freneticamente** da un evento all'altro e da una città all'altra.

Per fortuna è arrivato Instagram: Instagram è un social network molto famoso, dove le persone di tutto il mondo possono **condividere** pubblicamente fotografie e video della propria vita privata e lavorativa. Su questa piattaforma, le persone possono **interagire** con lo **scambio** dei **famigerati** "mi piace".

Luigi **ha iniziato** a condividere le sue fotografie su questa piattaforma, e piano piano molte persone hanno iniziato a notarlo e a mettere "mi piace" alle sue immagini. Per un fotografo, avere tanti contatti è molto importante e grazie ai social network diventare fotografi è diventato molto più facile.

Un giorno, uno scrittore e artista americano, Dylan, veramente interessato di fotografia e natura, ha **notato** su Instagram le bellissime foto di Luigi. Molte di queste foto gli sono piaciute così tanto che nella sua testa **è nata** l'idea di collaborare con lui per un sito web di avventure e viaggi. Così Dylan ha deciso di contattarlo via chat. Non è passato **nemmeno** un giorno e Luigi ha accettato la sua offerta.

La proposta era la **seguente**: per un anno Luigi doveva viaggiare per il mondo **con uno zaino in spalla** e scattare foto di paesaggi, animali e persone di diverse culture. Tutte le **spese di viaggio** erano **coperte** da Dylan perché lui doveva restare a New York a **gestire** il blog e il marketing del progetto.

Così è iniziata l'avventura di Luigi: il suo viaggio è cominciato dal Sud America, in Messico e in Perù fino alla Patagonia; poi **si è spostato** in Asia, in Australia, in Nuova Zelanda e in Giappone dove ha fotografato gli antichi templi buddisti. Infine, Luigi è andato in Sri Lanka e in India e poi verso l'Arabia Saudita e il Qatar. L'avventura di dodici mesi **si è conclusa** in Europa, in Polonia e poi in Spagna, a Barcellona.

Il suo viaggio ha portato risultati **fruttuosi**. Instagram e il sito web hanno avuto un grande successo e Luigi e Dylan hanno guadagnato molti soldi: hanno cominciato dalla fotografia di paesaggi e animali e sono diventati due dei principali promotori del turismo mondiale.

Ecco così che la passione e i piccoli sogni di un bambino con la macchina fotografica dei genitori **si trasformano** in una realtà stupenda e inimmaginabile. È proprio vero che bisogna sempre **seguire** il **proprio** cuore.

# Vocabolario

- **Grande Muraglia** – the Great Wall (of China)
- **prossimo** – next
- **permettere** [participio passato: *permesso*] – to allow
- **cominciare** – to start, begin, commence
- **smettere** [participio passato: *smesso*] – to stop
- **scattare** – to take a picture
- **circostante** – surrounding
- **gita scolastica** – school trip
- **staccarsi** [+*da*] – to separate oneself
- **in maniera** [+*adjective*] – in a X manner
- **guadagnare** – to earn
- **magazziniere** – warehouse worker
- **rinomato** – renowned, well-known
- **al giorno d'oggi** – nowadays
- **bisognare** – be necessary, be essential
- **noioso** – boring, tedious
- **sfilata di moda** – fashion show
- **sognare** – to dream about
- **incontaminato** – uncontaminated, pure
- **selvaggio** – wild
- **freneticamente** – frantically
- **condividere** [participio passato: *condiviso*] – to share
- **interagire** – to interact

- o  **scambio** – exchange
- o  **famigerato** – infamous, notorious
- o  **iniziare** – to begin, start
- o  **notare** – to notice
- o  **nascere** [participio passato: *nato*] – to be born
- o  **nemmeno** – not even
- o  **seguente** – following
- o  **con zaino in spalla** – to backpack
- o  **spese di viaggio** – travel expenses
- o  **coprire** – to cover
- o  **gestire** – to manage
- o  **spostarsi** – to move, relocate
- o  **concludersi** [participio passato: *concluso*] – to conclude, finish, end
- o  **fruttuoso** – profitable, lucrative
- o  **trasformarsi** – to transform, change
- o  **seguire** – to follow
- o  **proprio** – own

# Riassunto

La storia racconta di Luigi, un appassionato fotografo, che fin da bambino sogna di viaggiare per il mondo e di fotografare la natura e gli animali. All'inizio della sua carriera, però, è stato abbastanza difficile per lui perché riusciva solamente a trovare dei lavori molto noiosi. Dopo qualche tempo e grazie all'aiuto di una piattaforma social molto famosa, Instagram, Luigi riesce a farsi notare e a essere apprezzato. Così un giorno, uno scrittore e amante della fotografia di nome Dylan contatta Luigi per un'opportunità di lavoro straordinaria che gli cambia la vita.

# Domande a scelta multipla

1. La passione di Luigi è ...
        a. La fotografia
        b. Instagram
        c. La musica
        d. Il teatro

2. Quando era piccolo, Luigi usava la macchina fotografica di chi?
        a. Di suo zio
        b. Di Dylan
        c. Di un suo amico
        d. Di suo papà

3. Quando andava all'università, Luigi ha lavorato come?
        a. Cameriere e fattorino
        b. Pizzaiolo e magazziniere
        c. Cameriere e magazziniere
        d. Venditore e cameriere

4. Il social network usato da Luigi è?
        a. Facebook
        b. Twitter
        c. Instagram
        d. Tumblr

5. Quanto dura il viaggio di lavoro offerto da Dylan?

a. Un mese
b. Sei mesi
c. Dodici settimane
d. Dodici mesi

# Risposte corrette

1. a
2. d
3. c
4. c
5. d

# 5. LA VITA STRESSANTE DI ANDREA

Per **decenni** i dottori ci hanno informato sui **rischi** dello stress e ci hanno dato dei **consigli** su come **evitare** una vita stressante e su come rilassarci durante il giorno.

Andrea, **impiegato** in una grossa azienda, sa bene che lo stress **a lungo termine** andrebbe evitato quando possibile, ma non **riesce** proprio a smettere di essere stressato anche nelle piccole situazioni **quotidiane**.

Per esempio, **si arrabbia** quando rimane bloccato nel traffico la mattina, va in ansia quando arriva tardi al lavoro, **si innervosisce** quando deve **fare la fila** all'ufficio postale o alla cassa del supermercato, **sbuffa** quando deve lavare i piatti e **si agita** quando il suo **capo** gli fa delle domande.

Non riesce proprio a rilassarsi un **attimo**! I suoi amici e la sua ragazza sono davvero preoccupati per lui e non sanno cosa fare. Andrea, però, dice che non c'è niente di male e che lo stress lo **mantiene** attivo e concentrato durante l'arco della giornata.

Molti medici infatti **sostengono** che alcuni tipi di stress possono essere vantaggiosi: per alcuni di noi esiste un "buono stress" che aiuta a mantenerci giovani e attraenti e che potrebbe anche farci vivere più a lungo. Questo tipo di "buono stress" può **rafforzare** il nostro sistema immunitario, che ci protegge dalle **malattie** comuni, molto frequenti tra le persone anziane.

Per esempio, il "buono stress" ci fa **reagire** in maniera veloce ed efficiente e ci **regala** un senso di conquista mentre **gridiamo** contenti *"ce l'abbiamo fatta!"*

Andrea **è d'accordo** con questi medici e crede che non potrebbe vivere senza stress perché lo aiuta a **dare il meglio di sé**. Durante il lavoro, quando lui ha un compito importante da **portare a termine**, lo stress lo "aiuta" a completare tutto nel migliore dei modi.

Giorgia, la ragazza di Andrea, non la pensa **allo stesso modo** e farebbe di tutto per aiutarlo a rilassarsi di più perché, **secondo lei,** lo stress può essere **pericoloso** e fare male alla salute.

Andrea **si rende conto** che a lungo andare troppo stress potrebbe essere **dannoso** per la sua salute fisica e mentale, e **si spaventa** molto quando Giorgia gli dice *"attento perché i tuoi bei capelli diventeranno bianchi a causa dello stress!"*

Per aiutarlo, Giorgia **costringe** Andrea ad andare in **palestra** a fare esercizi per rilassare i nervi, ma ad Andrea non piace la palestra perché dice che c'è troppa gente e non riesce ad allenarsi in maniera corretta. Inoltre, la palestra più vicina a casa loro, si trova a 3 chilometri di distanza e Andrea non vuole prendere la macchina, perché c'è tanto traffico dopo le cinque del pomeriggio e lui odia il traffico. Perciò la palestra diventa **presto** un altro motivo di stress.

Andrea e Giorgia provano ad andare anche in piscina ma mentre lei è una bravissima **nuotatrice** e ha vinto tante **gare**, Andrea non è un grande **nuotatore** e ha paura dell'acqua alta. Per questo motivo, lui preferisce stare nella piscina dei bambini e giocare con gli **attrezzi galleggianti**. Accidenti, la piscina è un'altra situazione **spiacevole** per Andrea! Che cosa fare per **salvare** questo povero ragazzo dallo stress? Niente sembra aiutarlo.

Un giorno, gli amici di Andrea decidono di organizzare una **partita di calcetto** per trascorrere un po' di tempo insieme e divertirsi, ma ancora una volta per Andrea questa non è una situazione né piacevole né divertente perché a lui il calcio non è mai piaciuto. Forse se gioca come **portiere** le cose vanno meglio. Ma...

Un goal.

Due goal.

Tre goal.

Accidenti! Andrea è proprio **scarso** sul **campo da calcio** e purtroppo si sente frustrato ancora una volta perché gli avversari stanno vincendo. Il calcetto, come la palestra, è un'altra esperienza da **cancellare**.

Gli amici non sanno cosa fare e Giorgia non ha più idee, fino a quando non decide di provare un corso di yoga e pilates. *"Interessante"*, pensa lei, *"questo potrebbe essere molto **utile** perché lo yoga è una disciplina che aiuta a rilassare il corpo e la mente."* Così Giorgia **prenota** un appuntamento al corso di yoga più vicino a casa loro.

Durante la sessione di yoga, finalmente Andrea **si lascia andare** e si sente più leggero che mai. Dopo dieci minuti, a causa dell'**odore** dell'incenso e degli esercizi rilassanti, lui si addormenta sul **materassino** nel bel mezzo della lezione. Lo yoga è davvero una disciplina magica che fa miracoli!

*"C'è sempre una soluzione a tutto"*, pensa soddisfatta Giorgia.

# Vocabolario

- **decennio** – decade
- **rischio** [+*di*] – risk
- **consiglio** – advice, suggestion
- **evitare** – to avoid
- **impiegato** – employee, office worker
- **a lungo termine** – in the long run, in the long term
- **riuscire** – to manage, succeed
- **quotidiano** – daily
- **arrabbiarsi** – to get mad, get angry
- **innervosirsi** – to stress out
- **fare la fila** – to wait in line
- **sbuffare** – to snort, grumble
- **agitarsi** – to stress oneself
- **capo** – boss, manager, supervisor
- **attimo** – moment
- **mantenere** – to keep, maintain
- **sostenere** – to claim, affirm
- **rafforzare** – to strengthen, reinforce
- **malattia** – illness, disease
- **reagire** – to react
- **regalare** – to give, donate
- **gridare** – to shout out
- **farcela** – to make it
- **essere d'accordo** – to agree with
- **dare il meglio di sé** – to give one's best

o **portare a termine** – to complete, to accomplish

o **allo stesso modo** – equally, in the same way

o **secondo** [*qualcuno*] – according to

o **pericoloso** – dangerous

o **rendersi conto** – to realize

o **dannoso** – damaging

o **spaventarsi** – to frighten oneself, get scared

o **costringere** – to force, to make

o **palestra** – gym

o **presto** – soon

o **nuotatrice** [*fem.*] / **nuotatore** [*m.*] – swimmer

o **gara** – race

o **attrezzo** – tool, object

o **galleggiante** – floating

o **spiacevole** – unpleasant

o **salvare** – to save, rescue

o **partita di calcetto** – game of five-a-side football

o **portiere** – goalkeeper

o **scarso** – mediocre, poor quality

o **campo da calcio** – soccer field, football field

o **cancellare** – to cross out, cancel

o **utile** – beneficial

o **prenotare** – to book, make a reservation

o **lasciarsi andare** – to let oneself go

- o **odore** [+*di*] – smell
- o **materassino** – mat

55

# Riassunto

La storia racconta di un ragazzo molto stressato, Andrea, che durante la giornata non riesce mai a rilassarsi. Se da un lato alcuni tipi di stress possono essere utili (come sostengono alcuni medici e lo stesso Andrea), dall'altro, però, troppo stress fa male. Quando Giorgia, la sua ragazza, gli dice che i suoi capelli potrebbero diventare bianchi a causa dello stress, Andrea capisce che è il momento di fare qualcosa e prova a partecipare ad alcune attività come la palestra, il nuoto in piscina e il calcetto. Niente di tutto ciò sembra funzionare fino a quando Giorgia decide di provare lo yoga.

# Domande a scelta multipla

1. Andrea dice che lo stress ...
    a. Lo fa dormire a lungo
    b. Lo aiuta nelle faccende domestiche
    c. Lo mantiene attivo durante la giornata
    d. Lo rende felicissimo

2. Andrea si spaventa molto quando ...
    a. Giorgia gli dice che i suoi capelli diventeranno bianchi
    b. Vede i suoi amici
    c. Incontra il suo capo
    d. Fa yoga

3. Che cosa organizzano gli amici di Andrea?
    a. Una partita di calcetto
    b. Una cena
    c. Una gita in montagna
    d. Una partita di poker

4. La prima attività che Andrea prova è ...
    a. La piscina
    b. Il Karate
    c. La palestra
    d. Lo yoga

5. Andrea si rilassa durante ...
    a. Un film

b. Una partita di calcetto
c. Una lezione di yoga
d. Un viaggio al mare

## Risposte corrette

1. c

2. a

3. a

4. c

5. c

# CONCLUSION

You've come to the end of this book with the Italian short stories. We hope you enjoyed it, and that it has helped fast-track your efforts in learning Italian.

Think of the Italian language as your gateway to a world of endless experiences. There's a whole new world of travel and adventure to explore once you learn this beautiful language. Expect new opportunities to come your way. It could be starting a new career, discovering an unknown culture, or even finding new love in a foreign country. You'll definitely see the world through a new perspective once you learn Italian.

As an adult learner, you may immediately think that there's no way that you'll be able to acquire an advanced command of a new language at this stage of your life. But the truth is, anyone can learn a new language at any age. It may take a while for you to reach the level of fluency, but hang in there, practice by reading, speaking, listening and talking, and before you know it, you'll be fluent in Italian. You'll feel proud of yourself for having learned one of the most romantic languages in the world!

Again, thank you for buying this book. If you enjoyed it, we'd like to ask you for a favor – could you leave a review for this book? It'd be really appreciated!


Grazie e alla prossima!
(*Thank you and until next time!*)

# BONUS – 10 FREE EXERCISES

We've compiled ten exercises for you, two for each story: the first exercise will allow you to ingrain new vocabulary you will acquire through each story, while the second one focuses on grammar points that are relevant at the beginner's level A1/A2. At the end of each exercise, there are also the correct answers.

## INSTRUCTIONS FOR DOWNLOADING THE FREE EXERCISES

To download the exercises, go to the following link:

http://bit.ly/free-italian-exercises

(You should access the link on your smartphone or computer to view to or download the exercises.)

On the dedicated site, please enter your email address and your name. Then, click "DOWNLOAD".

Go to the inbox of the email address you've just entered. Find the email sent from Bono Digital with the subject "Please Confirm Your Subscription". If you cannot find the email, please also check your Spam or Promotions folders.

Once you've confirmed your email address by clicking the button "CONFIRM YOUR EMAIL", you will receive a new email with the subject line "Here are your free Italian exercises!". Clicking the link in the email (or the picture of the book) will instantly give you access to your free exercises!

You can do the exercises immediately or you can download the file by clicking the download button (in the upper right-hand corner) and print it, if you wish.

If you encounter any problems, you can contact us at **info@bonodigital.com** – we'll do our best to help you out.